Entdecke die Igel

Ralf Klinger

Thinkstock Images International
Umschlagrückseite: links Sebastian Duda, rechts Eric Isselée
Katarzyna Bialasiewicz: S. 47 oben
Elena Blokhina: S. 42
borzywoj: S. 43 oben rechts
caelmi: S. 15 unten
cowboy5437: S. 14 oben
Creatas: S. 51 unten
cynoclub: S. 50 unten
Chepko Danil: S. 56
David De Lossy: S. 38 unten
Sebastian Duda: S. 5 unten, S. 12 oben links, S. 21 unten
elinafoto: S. 52 mitte
ELyrae: S. 39 unten
Global P: S. 48 oben, S. 49 unten rechts
Mark Green: S. 20/21
lenalir: S. 7
Eric Isselée: S. 14 unten, S. 16, S. 18 oben, S. 19 mitte, S. 29 unten, S. 33 mitte, S. 33 unten, S. 47 unten, S. 54, S. 55
Rico Kädder: S. 39 mitte
Kesu01: S. 52 unten
Kerstin Klaassen: S. 44 unten
Jens Klingebiel: S. 19 oben
ksena32: S. 48 unten
Hugh Landsdown: S. 19 unten
Mike Lane45: S. 21 oben links, S. 52 oben
Leonello: S. 18 unten
luna4: S. 41 unten
markiktaylor: S. 44 oben
Matauw: S. 21 oben rechts
MizC: S.38 oben
monkeybusinessimages: S. 43 oben links
Moon Bloom: S. 50 oben
Maria Moroz: S. 41 oben
naumoid: S. 31 oben
Nono07: S. 34
Marek Novak: S. 10/11
Serhan Özdemirbag: S. 17 unten
Prill Mediendesign & Fotografie: S. 24 oben
Aleksey Puchkov: S. 25 unten
pum_eva: S. 29 oben links
Purestock: S. 17 oben links
reptiles4all: S. 33 oben
Tatjana Romanova: S. 51 oben
sarra22: S. 46
Dmitriy Smaglov: S. 49 oben
Borislav Stefanov: S. 8, S. 43 unten
Dale Stephens 704: S. 23 oben
Studio Annika: S. 15 oben links
Techin24: S. 49 unten links
Temelko Temelkov: S. 40
think4photop: S. 15 oben rechts
Marek Tihelka: S. 36/37
Pavel Trankov: S. 13 unten
Mykda Velychko: S. 1
Mykola Velychko: S. 22/23
Peter Zurek: S. 29 oben rechts

WILDLIFE Bildagentur GmbH
Titelbild: R. Maier
S.E. Arndt: S. 27 oben rechts
J. Burton: S. 12 unten, S. 32
M. Danegger: S. 31 unten
G. Delpho: S. 30/31
O. Diez: S. 53
C. Dörr: S. 39 oben
N. Garbutt: S. 17 oben rechts
O. Giel: S. 5 oben
M. Hamblin: S. 27 oben links
M. Harvey: S. 12 oben rechts
D. Heucline: S. 9
E. Kats: S. 4
H. Kuczka: S. 26/27
M. Lane: S. 35 unten
R. Maier: S. 22 oben, S. 28
P. Oxford: S. 13 oben rechts
H. Schmidbauer: S. 35 oben
C. Steimer: S. 23 unten
M. Taylor: S. 48 mitte
J. u. P. Wegner: S. 2/3

Benny Trapp:
S. 6, 24 unten, 25 oben, 26 oben, 45
Benny Trapp dankt Frau Thomas von der Igelstation „Netzwerk Igel e.V."

Konstans Wells: S. 13 oben links

ISBN: 978-3-86659-249-0

An der Kleimannbrücke 39/41
48157 Münster
Tel.: 0251-13339-0
Fax: 0251-13339-33
E-Mail: verlag@ms-verlag.de
Home: www.ms-verlag.de
Geschäftsführung: Matthias Schmidt
Layout: Isabell Büchter
Lektorat: Kriton Kunz
Druck: Alföldi, Debrecen

Inhaltsverzeichnis

Willkommen in der Welt der Igel!

„Ein Igel!“ Schnüffelnd und schnaubend trottet der stachelige Geselle durch das Gras. Mit seinen langsamen Bewegungen wirkt er ziemlich unbeholfen und gleichzeitig auf eine eigene Art drollig und niedlich. Die kleinste Störung genügt, und schon zieht er sich zu einer Stachelkugel zusammen. Wie das piekt! Schade, wie gerne hättest Du ihn auf die Hand genommen und gestreichelt. Aber das mag ein Igel überhaupt nicht. Frei lebende Igel sind nämlich richtig mürrische Einzelgänger und als Schmusetier denkbar ungeeignet.

Zusammengerollt kann ihm kaum ein anderes Tier etwas anhaben. Wie gut er sich auf seinen Stachelpanzer verlassen kann, hast Du vielleicht schon einmal beobachtet, wenn ein Hund einen Igel beschnüffelt. Weder mit der Schnauze noch mit seiner Pfote gelingt es ihm, die Stachelkugel umzudrehen. Der garstige Ball sticht so furchtbar, dass der Hund schon nach kurzer Zeit die Lust an dem vermeintlichen Spielzeug verliert. Sobald die Gefahr vorüber ist, entrollt sich der Igel wieder und tappt weiter seines Weges, als wäre nichts geschehen.

Igel muss man einfach lieben!

Eine solche Igelfamilie könnte auch ganz in Deiner Nähe wohnen

Bestimmt möchtest Du mehr über dieses drollige Tier erfahren. In diesem Buch schildere ich Dir, wie ein Igel lebt, was er mag und wo er wohnt. Außerdem gebe ich Dir wertvolle Tipps und Hinweise, wie Du einem Igel nicht nur während der kalten Wintermonate, sondern auch im Sommer sehr gut helfen kannst. Komm nun mit auf einen spannenden Streifzug durch die stachelige Welt der Igel!

Bist Du neugierig, mehr über Igel zu erfahren? Dann los!

Stacheln im Pflanzenreich

Eule Xabi kennt Stacheln auch von Pflanzen wie diesem großen Kaktus

Jede Menge Stacheln!

Was meinst Du wohl, wie viele Stacheln ein Igel hat? Das hängt von seiner Größe und seinem Alter ab. Wenn ein Jungtier das Nest verlässt, hat er etwa 3 000 Stacheln. Seine Mutter dagegen besitzt rund 5 000 bis 8 000 davon! Jeder Stachel ist etwa zwei bis drei Zentimeter lang und ein bis zwei Millimeter stark.

Dieser Igel entrollt sich gerade und schaut nach, ob die Luft auch wirklich rein ist

Eine putzige Stachelkugel

Was Dir sicher zuallererst einfällt, wenn Du an einen Igel denkst, sind seine schützenden Stacheln. Wusstest Du aber auch, dass es sich dabei einfach nur um umgewandelte Haare handelt? Allerdings sind sie sehr viel fester als jede Stachelfrisur, die Du Dir mit viel Haargel aus Deinem Schopf formen könntest. Die Stacheln sind innen hohl und am Ende spitz wie eine Nadel. Sie bedecken übrigens nur den Rücken. Kopf, Bauch und Beine dagegen, die beim eingerollten Igel in dem Stachelpanzer verborgen sind, tragen nur ein dichtes Fell aus hellbraunen, struppigen Haaren. Beim Laufen sind die Stacheln schräg nach hinten gerichtet, damit der Igel nicht hängen bleibt, wenn er durch das dichte Unterholz streift. Erst beim Einrollen werden sie drohend aufgerichtet.

Wie groß wird ein Igel?

Unser heimischer Braunbrustigel wird maximal etwa 30 Zentimeter lang, dazu kommt noch das Schwänzchen von zwei Zentimetern Länge.

Spitze Zähnchen

Ein Igel besitzt insgesamt 36 Zähne, von denen 20 im Oberkiefer und 16 im Unterkiefer sitzen. Im Oberkiefer hat er sechs Schneidezähne, zwei Eckzähne, sechs Vorbackenzähne und sechs Backenzähne. Im Unterkiefer sind es jeweils zwei Schneidezähne und zwei Vorbackenzähne weniger. Die Backenzähne entsprechen unseren Weisheitszähnen. Sie gehören nicht zum Milchgebiss, sondern erscheinen erst, nachdem die Milchzähne ausgefallen sind und durch bleibende Zähne ersetzt wurden. Die Eckzähne sind etwas länger und überragen die übrigen Zähne, ähnlich wie bei einem Hund.

„Mund zu!", so heißt es, wenn jemand bei Tisch vernehmbar schmatzt. Für den Igel dagegen sind solche Essgeräusche ganz normal, denn er kann das Maul beim Fressen nicht schließen, da ihm die Backen fehlen. Alle Zähne des Igels, ob Schneidezähne oder Backenzähne, enden mit spitzen Schneiden. Damit kann er Insekten und auch glitschige Regenwürmer packen, nur kauen kann er sie anschließend nicht. Sie werden vielmehr von den scharfen Schneiden seiner Zähne in kleinere Stücke geschnitten und dann heruntergeschluckt. Dass anfangs Teile seiner Beute aus einer Seite seines Mauls weit heraushängen, stört ihn nicht.

Bei diesem Jungtier kannst Du schön die spitzen Zähne sehen, mit denen Igel ihre Beute festhalten und in kleine Stücke schneiden

Was bedeutet eigentlich das Wort „Igel“?

„Igel“ leitet sich vom althochdeutschen Wort für „Schlange“ ab und bedeutet „der zur Schlange Gehörende“

Das heutige Wort „Igel“ stammt vom Althochdeutschen ab. Dort bedeutete „igil“ so viel wie „Schlange“. Gemeint ist damit, dass der Igel ein Schlangenfresser ist.

Der Igel und die giftige Kreuzotter oder die Aspisviper, wie auf dem Foto oben – das ist immer wieder Thema auch von Heldengeschichten, in denen der stachelige Ritter schließlich siegt und die Schlange dann laut schmatzend Stück für Stück verschlingt. Das mag einmal vorkommen, und der Igel kann einen Biss dieser Giftschlange problemlos überleben. Allerdings gehören Schlangen nicht in das alltägliche Beutespektrum des Igels. Mehr Informationen dazu findest Du auf Seite 50.

Uralt!

Die ersten Igel lebten vor über 50 Millionen Jahren genau wie die heutigen Haarigel (siehe Seite 11-12) in einem tropischen Urwald, zusammen mit den kleinen Urpferdchen. Die ersten Stacheligel traten allerdings erst vor etwa 37 bis 23 Millionen Jahren auf. Zum Vergleich: Den modernen Menschen gibt es erst seit rund 200 000 Jahren!

Igel weltweit

Unser heimischer Igel, der Braunbrustigel oder Westeuropäische Igel, hat noch einige Verwandte. Insgesamt 24 Arten werden zur Familie der Igel gezählt, die wiederum zusammen beispielsweise mit Spitzmäusen und Maulwürfen zur Ordnung der Insektenfresser gehört. Obwohl die Igel es im Lauf der Erdgeschichte nie zu großer Artenvielfalt bringen konnten, entwickelten sie sich dennoch zu kleinen Erfolgsmodellen. Es gelang ihnen nämlich im Lauf der Jahrmillionen, alle Erdteile mit Ausnahme von Australien zu erreichen und erfolgreich zu besiedeln.

Heute leben Igel jedoch nur noch in Europa, Afrika und Asien. Die amerikanischen Igel dagegen sind ausgestorben. Von ihrer Existenz weiß man nur, weil versteinerte Skelette gefunden wurden, sogenannte Fossilien. Welche dieser ausgestorbenen Igel ein Stachelkleid getragen haben und welche nicht, lässt sich heute nicht mehr mit Sicherheit sagen. Die Zoologen, also die Tierwissenschaftler, erkennen aber einen Verwandten des Igels an Merkmalen seines Körperbaus und seiner Zähne. Das gilt für einen nur als Fossil bekannten, ausgestorbenen Igel genauso wie für die heute noch lebenden Arten.

Und auch heute tragen nicht alle Igel das vom heimischen Igel her bekannte Stachelkleid. Die Wissenschaftler haben daher zwei Gruppen gebildet. Die eine wird Stacheligel genannt, dazu gehören

Verschiedene Igelarten sind über weite Teile der Erde verbreitet

heute 16 Arten. Die restlichen acht Arten bilden die Haarigel. Diese besitzen ein normales Fell und einen langen, kahlen Schwanz. Sie sehen damit eher aus wie große Ratten und werden deshalb manchmal auch Rattenigel genannt. Haar- oder Rattenigel gibt es nur noch im feuchten Urwald des fernen Ostasiens. Dort sind sie allerdings gar nicht so selten. Der größte von ihnen, der treffend Großer Haarigel genannt wird, wird etwa so groß wie ein Kaninchen. Er hat ein langes, dichtes, dunkles Fell. Kopf und Hals sind dagegen weiß, und über die Augen zieht sich ein schwarzes Band, das wie eine Maske aussieht. Auffällig sind seine großen, beweglichen Ohrmuscheln und die recht großen Augen, mit denen er besser sehen kann als unser heimischer Igel.

Alle Haarigel gehen nachts auf Nahrungssuche. Sie lieben Obst in allen Variationen, vor allem Bananen und Äpfel fressen sie gerne. Auch große Insekten und Schnecken werden gejagt, und manchmal sogar kleinere Fische. Haarigel sind also nicht sehr wählerisch, was ihre Nahrung anbelangt. Da sie kein schützendes Stachelkleid besitzen, suchen sie bei Gefahr ihr Heil in der Flucht, um sich dann irgendwo zu verstecken.

Die Vorfahren solcher Farbvarianten des Weißbauch-Zwergigels stammen aus weiten Teilen Zentralafrikas

Der Kapigel lebt im Süden Afrikas

Die 16 verschiedenen Stacheligelarten dagegen sehen alle in etwa so aus, wie Du Dir einen richtigen Igel vorstellst, mit dichtem, wehrhaftem Stachelkleid über Kopf, Rücken und Flanken. Wer aber nur unseren heimischen Igel kennt und auf Bildern oder im Fernsehen zum ersten Mal einen afrikanischen Langohrigel sieht, findet, dass dieser irgendwie komisch ausschaut. Gar nicht so rundlich wie unser Igel, sondern richtig dünn ist er, mit deutlich erkennbarem Hals und weit vorgestrecktem Kopf, an dem sofort die merkwürdig großen Ohrmuscheln auffallen.

Weiße Igel?

Ganz selten findet man in der Natur auch einmal einen völlig weißen Igel. Das ist doch bestimmt eine ganz andere Art, oder? Nein, sondern es handelt sich dabei um den bei uns heimischen Braunbrustigel. Manchmal kommt es aber vor, dass durch eine Änderung im Erbgut, eine sogenannte Mutation, keine Farbstoffe in Haut, Augen und Haaren ausgebildet werden, also auch nicht in den Stacheln. Ein solches Exemplar nennt man Albino.

Hättest Du gedacht, dass das ein Igel ist? Es handelt sich um den Großen Ratten- oder Haarigel aus Südostasien, hier ein seltenes weißes Exemplar.

Das riesige Verbreitungsgebiet des Langohrigels reicht von Nordafrika bis in die Mongolei!

Daneben gibt es noch die Wüstenigel, die unserem heimischen Igel schon wesentlich ähnlicher sehen. Wüstenigel leben tatsächlich mitten in der Wüste. Da es dort tagsüber zu heiß wird, können sie nur nachts umherlaufen, wenn die Temperaturen wieder gesunken sind. Tagsüber verbergen sie sich in kühlen Spalten und Höhlen. Wüstenigel mögen Fleisch, sie überwältigen Insekten und andere Säugetiere und manchmal sogar ihre eigenen Jungen, wenn diese eigenständig geworden sind und im Revier der Eltern „erwischt“ werden. Da es in der Wüste keinen Winter gibt, halten Wüstenigel im Gegensatz zum heimischen Igel natürlich keinen Winterschlaf. Sie besitzen aber ebenfalls die Fähigkeit, ungünstige Zeiten schlafend zu verbringen. Dies hilft ihnen, wenn es in der Wüste einmal wochenlang nicht regnet und nirgends Nahrung zu finden ist. Dann fallen sie in einen tiefen, wochenlangen Schlaf, den man Torpor nennt.

Riesen und Zwerge

Sowohl der größte als auch der kleinste Igel gehören nicht zu den Stacheligeln, sondern zu den Rattenigeln. Mit bis zu 45 Zentimeter Länge von der Schnauze bis zum Hinterteil ist der auf dem Foto oben zu sehende Große Rattenigel der Riese unter seinesgleichen. Er bringt dementsprechend auch bis zu zwei Kilogramm auf die Waage, also etwa so viel wie zwei Tüten Milch.

Ein Zwerg ist dagegen der Kleine Rattenigel, der nur zehn Zentimeter lang und lediglich 20 bis 80 Gramm schwer wird, also deutlich weniger wiegt als eine Tafel Schokolade

Der Braunbrustigel ist bei uns heimisch, bewohnt aber auch weite Teile West- und Nordeuropas

Weißbauchigel sind mittlerweile beliebte Heimtiere

Weißbauchigel zu Hause zu halten, bereitet viel Freude – ist aber auch sehr aufwendig!

Igel zu Hause

Unseren einheimischen Braunbrustigel darf man nur dann ins Haus holen, wenn er wirklich Hilfe braucht, also beispielsweise, wenn er verletzt oder krank ist. Wenn er wieder gesund ist, muss er in die Freiheit entlassen werden.

Wenn Du aber Igel liebst und gerne einen oder mehrere zu Hause hättest, dann gibt es da eine andere Möglichkeit – vorausgesetzt, Deine Eltern sind einverstanden und Du bist schon so groß und so verantwortungsvoll, dass sie Dir einen Großteil der Pflege zutrauen. Seit einigen Jahren sind nämlich Weißbauchigel zu beliebten Heimtieren geworden. Die auch Zwergigel genannten Tierchen werden nur

Ist das nicht ein niedliches Kerlchen?

Manche Weißbauchigel werden handzahm

17 bis 23 Zentimeter lang. Ursprünglich stammt diese Art aus den afrikanischen Ländern Sambia, Senegal und Sudan, aber mittlerweile wird sie von Igelfreunden regelmäßig vermehrt, und das sogar in verschiedenen Farbvarianten.

Wenn Du Dich für solche Igel als Heimtier interessierst, musst Du Dir allerdings darüber im Klaren sein, dass es sich dabei nicht um Kuscheltiere handelt und dass ihre Pflege mit sehr viel Aufwand verbunden ist, den Du nur zusammen mit Deinen Eltern leisten kannst. Außerdem sind Weißbauchigel wie auch unser heimischer Igel nachtaktiv, tagsüber schlafen sie also meist. Bevor Du und Deine Eltern sich für die Pflege eines solchen Tiers entscheiden, solltet Ihr Euch also gründlich informieren. Dazu eignet sich prima das Buch „Weißbauchigel“ von Daniela Guist.

Weißbauchigel werden nicht allzu groß

Nicht nur Igel haben Stacheln!

Sich mit Stacheln zur Wehr zu setzen, ist bei Pflanzen und Tieren weit verbreitet, weil es ein einfacher und zugleich sehr erfolgreicher Weg ist, Fressfeinde abzuschrecken. Nicht nur Rosen, Brombeeren und Kakteen pieken. Sicher könntest Du rasch viele weitere stachelige Beispiele finden. Unter den Tieren ist das Stachelschwein bekannt, das in vielen Zoos gehalten wird. Natürlich ist es kein Schwein und auch kein Insektenfresser wie der Igel, sondern ein Nagetier. Stachelschweine leben in den warmen Regionen von Afrika und Asien. Ihre Stacheln werden bis zu 40 cm lang und verursachen in der Haut eitrige, schlecht heilende Wunden. Immer wieder wird behauptet, Stachelschweine könnten ihre Stacheln abschießen. Das ist jedoch nicht so. Die Stacheln sitzen zwar recht lose in der Haut, sodass sie sich leicht lösen, aber wie Pfeile fliegen sie nicht davon.

Das Stachelschwein ist ein Nagetier und daher mit dem Igel nicht verwandt

Auch das Baumstachelschwein aus Nordamerika ist ein Nager

Rollt sich zusammen wie ein Igel, zählt aber zu einer eigenen Säugetiergruppe: der Große Igeltanrek von Madagaskar

Die hohlen Stacheln der im Meer lebenden Seeigel sind selbst für Taucher gefährlich, die einen dicken Taucheranzug tragen. Das sind nämlich manchmal richtige Giftspritzen, deren Stich so weh tut wie ein Wespenstich. Seeigel sind sogenannte Stachelhäuter, also mit den Seesternen und den Seegurken verwandt.

Haarausfall!

Da die Stacheln eines Igels im Prinzip nichts anderes sind als umgestaltete Haare, können sie auch ausfallen, wie beim Menschen. Beim Igel passiert das allerdings erst nach vielen Jahren. Oft wächst dann an der Stelle, wo ein Stachel abgefallen ist, bald wieder ein neuer. Der ist allerdings etwas dünner und kürzer. Einen regelmäßigen Wechsel des Stachelkleides, so wie viele Tiere im Winter ein dichtes Winterkleid bekommen und im Sommer ein dünneres Sommerfell, gibt es beim Igel nicht.

Seesterne haben mit Igeln nur die Stacheln gemeinsam. Sie zählen zu den wirbellosen Stachelhäutern.

Wie mag dieser
Fisch wohl heißen?
Richtig: Igelfisch!

Außerdem gibt es Fische, die sich zu einer Stachelkugel aufblähen können und deshalb von anderen Tieren nicht gefressen werden. Sie heißen natürlich – Igelfische!
In Deinem Saurierbuch findest Du auch mehrere friedliche Pflanzenfresser, die sich mit langen und spitzen Stacheln gegen riesige fleischfressende Dinosaurier zur Wehr gesetzt haben: *Dacetrurus, Kentrosaurus, Stegosaurus* und *Chialingosaurus* zum Beispiel lebten in der Jurazeit. Unter den Sauriern der Kreidezeit trugen etwa *Gastonia, Gargoyleosaurus* und *Talarurus* kräftige Stacheln.

Stacheln zur Verteidigung wurden auch schon vor sehr langer Zeit eingesetzt, wie etwa von *Stegosaurus*

Die putzigen Baumstachelschweine werden auch Ursons genannt

Das ist ja gar kein richtiger Igel!

Kennst Du den Schnabeligel? Dieses merkwürdige Tier lebt in Australien und sieht mit seinem Stachelpanzer fast so aus wie unser heimischer Igel. Er kann sich sogar genauso einrollen – und doch ist er gar kein Igel! Er ist nicht einmal entfernt mit Igeln verwandt. Anders als unser Igel bekommt das Weibchen auch keine Babys, sondern legt ein Ei, das etwa so groß ist wie eine weiße Bohne. Das Ei wird rund zehn Tage lang in einem Brutbeutel am Bauch der Mutter ausgebrütet. Das aus dem Ei geschlüpfte Junge wird dann etwa acht Monate lang mit Muttermilch gefüttert. Die Milch ist aber nicht weiß, sondern kräftig rosa gefärbt. Und noch etwas ist vollkommen anders: Schnabeligel haben in ihrem röhrenförmigen Maul keine Zähne, sondern nur winzige Häkchen aus Horn, mit denen sie die Beute festhalten. Am liebsten mögen sie Termiten und Regenwürmer.

Der Kleine Igeltanrek bewohnt wie sein größerer Cousin Madagaskar

Wo leben Igel?

Nun aber wieder zurück zu „unserem“ Igel, um den es in diesem Buch ja hauptsächlich gehen soll. Der heimische Braunbrustigel bewohnt fast ganz West- und Mitteleuropa, außerdem Teile Nord- und Nordosteuropas.

Vielleicht ist Dir im Garten oder im Park schon einmal ein Igel begegnet. Auch auf den Straßen findest Du manchmal einen Igel, der in der Nacht leider ein Opfer des Autoverkehrs geworden ist. Die vielen Stellen, an denen Du sie finden kannst, zeigen Dir, dass Igel hinsichtlich ihres Lebensraumes wenig wählerisch sind. Sie können in der Wiese, im Feld, im Garten und sogar in lichten Wäldern leben. Am liebsten aber wohnen sie in der Nähe des Menschen.

Gerade auf dem Land, auf Bauernhöfen und in den Feldern ringsum, findet der Igel leicht ein Plätzchen zum Wohnen. Nicht nur in Stallungen, Schuppen und Scheunen kommt er unter, sondern sehr gerne auch in dichten Hecken, die um den Hof herum gepflanzt wurden. Besonders an Zäunen, die von einem dichten Gestrüpp aus Kräutern und Büschen überwuchert sind, findet er einen idealen Unterschlupf. Viele Jahrhunderte lang war dies der bevorzugte Wohnort unserer Igel. Daher nannte man sie in vielen Gegenden „Zaunigel“. Die Engländer bezeichnen Igel gar als „hedgehog“ (sprich: Hedschhog), was übersetzt „Heckenschwein“ bedeutet.

Igeln kannst Du in vielen verschiedenen Lebensräumen begegnen

Weil es in der Nähe des Menschen viel Leckeres zu fressen gibt, dringen Igel sogar in Gärten vor

Lichte Wälder sind bei Igeln als Lebensraum sehr beliebt – den Nadelwald im Hintergrund allerdings wird dieser Igel meiden

Igel sind genügsam und stellen sich auf viele unterschiedliche Gegebenheiten ein. Ein trockenes Plätzchen, wo sie den Tag verschlafen, ihre Jungen bekommen und den langen Winter geschützt überstehen, reicht ihnen völlig. Solche Verstecke im oder auf dem Boden gibt es in fast jeder Landschaft. Im offenen Gelände beziehen sie gerne Kaninchenbaue. Mäuselöcher können sie mit ihren scharfen, zum Graben bestens geeigneten Krallen ebenfalls zu einem schönen Zuhause ausbauen. Im Gebirge und in steinigen Gegenden sucht sich der Igel zwischen Steinhaufen und in lockeren Natursteinwällen sein Plätzchen.

Überall, wo Laubbäume wachsen, also im Wald, in Parks und in Feldgehölzen, ist es ebenfalls leicht für ihn, ein Versteck zu finden. Hohle Baumstämme, Höhlen unter Baumwurzeln und morschen Baumstümpfen gibt es hier in Hülle und Fülle.

Die langen, scharfen Krallen eignen sich prima, um damit einen Mäusebau in den eigenen Unterschlupf umzufunktionieren

Igel schwimmen nicht gerne, aber recht gut

Aber an manchen Stellen können Igel nicht leben. Nadelwälder beispielsweise mögen sie überhaupt nicht. Die dichte, nadelige Bodenstreu sagt dem Igel nicht zu, außerdem fehlt es ihm in solch finsteren Wäldern meist auch an Nahrung. Auch feuchte oder gar sumpfige Wiesen sind nichts für den Igel. Wasser mag er ebenfalls nicht. Mit ein paar Spritzern Wasser aus einer Wasserpistole könntest Du jeden Igel in die Flucht schlagen. Aber trotz ihrer Wasserscheu sind Igel leidliche Schwimmer. Geraten sie unfreiwillig in einen Bach oder plumpsen sie aus Unachtsamkeit in einen Teich oder einen Swimmingpool im Garten, müssen sie nicht ertrinken. Mühsam zwar, aber durchaus gekonnt, schwimmen sie zurück zum Ufer.

Selbst an ihren bevorzugten Wohnorten, wo es ihnen richtig gut geht, werden sie nie zur Plage. Überbevölkerung wie bei Mäusen gibt es bei Igeln nämlich nicht, da sie als Einzelgänger und Fleischfresser ein großes Revier für sich beanspruchen und jeden anderen Igel daraus vertreiben. Die Größe eines solchen Igelreviers, das immer nur von einem Weibchen oder einem Männchen beziehungsweise von einer Igelfamilie – einer Mutter mit ihren Jungen – bewohnt wird, richtet sich nach der Menge der zur Verfügung stehenden Nahrung.

Der Tag ist schon angebrochen! Schnell wird sich dieser Igel nun in seinen Unterschlupf zurückziehen.

Im Garten findet der Igel Regenwürmer, Schnecken und andere Leckerbissen

Gibt es davon wenig, muss ein Igel viele hundert Meter weit umherstreifen, um satt zu werden. Diese große Fläche beansprucht er dann als sein Revier, und das teilt er sich mit keinem anderen Igel. So ein nahrungsarmes Revier kann einige Fußballfelder groß sein.

Ein bunter Garten, der vielfältig bepflanzt ist und vielleicht sogar ein wenig wild erscheint, ist reich an Insekten und anderen Tieren. Hier findet ein Igel so viel Nahrung, dass gleich eine ganze Igelfamilie schon auf 300 Quadratmetern wohnen und leben kann.

Lecker!

Das frisst der Igel gerne: Käfer, Erdwanzen, Engerlinge (das sind Käferlarven) und andere Insektenlarven, Raupen, Regenwürmer, Grillen, Spinnen, Tausendfüßler, Frösche, Kröten, Eidechsen, Mäusebabys, Eier und Küken kleiner bodenbrütender Vögel, Aas (also tote Tiere), selten auch überreifes Fallobst und Beeren.

Mit allen seinen Sinnen

Hört, sieht, riecht oder fühlt der Igel etwas Verdächtiges, rollt er sich schnell ein

Wenn Du irgendwo auf einer Wiese oder im Garten einen Igel entdeckst, scheint es zunächst so, als würde er Dich nicht bemerken. Er schnüffelt hier und da und trippelt einfach weiter seines Weges. Wenn Du jedoch auf ihn zugehst, weil Du ihn Dir genauer betrachten möchtest, dann zieht er den Kopf ein und wird zu einer Stachelkugel. Er hat Dich eben doch wahrgenommen und sich schließlich zusammengerollt, als die Situation für ihn zu bedrohlich zu werden schien. Auf diese Weise trotzt er recht erfolgreich den meisten Gefahren.

Leider kannst Du jetzt seinen Kopf nicht mehr erkennen. Sonst würdest Du sehen, dass der Igel im Grunde die gleichen Sinnesorgane besitzt wie Du. Seitlich am Kopf sitzen seine beiden schwarzen Knopfaugen, dahinter die beiden Ohrmuscheln, und ganz vorne befindet sich die glänzend schwarze Nase. Das sogenannte Jacobson'sche Organ, das im Gaumen sitzt und innen mit der Nase in Verbindung steht, hilft ihm zusätzlich beim Riechen. Im seinem Maul hat er eine Zunge, mit der er schmecken kann, was er frisst, und mit den Tasthaaren an der Schnauze kann er auch in der Laubstreu fühlen, was da vielleicht an Beute unterwegs ist.

Im Grunde nimmt ein Igel seine Umgebung mit den gleichen Sinnesorganen wahr wie wir Menschen. Er sieht, hört, riecht und schmeckt, auch Berührungen spürt er. Und doch unterscheidet sich die Welt des Igels deutlich von der eines Menschen.

Seine feine Nase zeigt dem Igel, wo er etwas zu fressen findet

Wenn *Du* durch eine Wiese gehst, siehst Du die bunten Blumen und die Grashalme, die sich im Wind wiegen. Du lauschst dem Gesang der Vögel und hörst das Brummen der fliegenden Insekten. Auch den Wind spürst Du im Gesicht. Und wenn ein Bauer auf einem benachbarten Acker Gülle ausfährt, hörst Du den Motor des Traktors und hältst Dir vielleicht die Nase zu.
Mit Hilfe Deiner Sinne erhältst Du eine Menge verschiedener Eindrücke aus der Wiese und der umgebenden Landschaft.

Dieser Igel hat einen fremden Geruch wahrgenommen und wittert aufmerksam

Jojo-Gewicht

Das Gewicht eines ausgewachsenen Igels kann ganz schön schwanken – je nachdem, welche Jahreszeit gerade ist und in welchem Ernährungszustand er sich dementsprechend befindet. Ende Sommer, wenn der Igel sich ordentlich Fettreserven für den Winterschlaf angefressen hat, kann er schon mal anderthalb Kilogramm wiegen, also so viel wie anderthalb Tüten Milch. Nach einem langen Winter, in dem er seine Energiespeicher verbraucht hat, ist er dagegen im Extremfall bis auf 350 Gramm abgemagert.

„Mal schauen, was hier los ist!"

Igel sind zwar sehr kurzsichtig, ...

Wenn Du dagegen denselben Weg als Igel durch die Wiese gehen würdest, könntest Du ganz andere Dinge wahrnehmen. Vielleicht wärest Du enttäuscht, dass Du mit den Augen kaum etwas erkennen würdest. Alles ist weniger bunt und nur sehr verschwommen zu sehen, denn ein Igel ist extrem kurzsichtig und kann Farben nicht so gut voneinander unterscheiden. Die Augen sind für ihn einfach nicht so wichtig wie für uns Menschen.

Du würdest Dich aber ganz schön wundern, was diese Wiese sonst noch Spannendes zu bieten hat. Deine Nase würde Dir verraten, wo sich ein Regenwurm in seiner Röhre versteckt hat. Du würdest den verheißungsvollen Geruch der Mäusenester, Insekten und Schnecken deutlich wahrnehmen. Mit Deinen Ohren würdest Du erlauschen, wo sich ein dicker Laufkäfer seinen Weg durch das Dickicht der Grashalme bahnt, weil Du das kratzende Geräusch hören könntest, das die Krallen seiner sechs Beine beim Laufen verursachen. Das tiefe Brummen des lauten Motors des Traktors und die stinkende Gülle blieben Dir dagegen verborgen. Die Ohren eines Igels hören jedoch noch Töne von bis zu 45.000 Hertz. In diesem sogenannten Ultraschall-Bereich liegen auch die Ortungslaute, die Fledermäuse ausstoßen. Auch viele Heuschrecken zirpen in dieser Tonhöhe. Welche Bedeutung die Wahrnehmung der Ultraschalltöne für den Igel hat, wissen wir nicht so genau. Möglicherweise nimmt er damit Beutetiere wahr.

... besitzen dafür jedoch ein sehr feines Gehör!

Seine Sinne haben dem Igel den Weg zu einer Schnecken-mahlzeit gewiesen

Nicht auf die Äpfel ist der Igel aus, sondern er schnuppert und lauscht, ob dazwischen und darunter Würmer, Schnecken oder Insektenlarven kriechen

Der Igel lebt also in einer Welt, die wir uns mit unseren Sinnen gar nicht vorstellen können. Welchen Geruch verströmen Regenwürmer, Schnecken, Mäuse und Insekten? Wie riechen ihre Spuren auf dem Boden der Wiese? Für den Igel ist seine Nase das wichtigste Sinnesorgan. Er ist ständig am Schnüffeln, riecht hier und dort und findet so zu seiner Lieblingsspeise. Mithilfe der Nase verfolgt er interessante Fährten am Boden, im Gras oder in der Luft und folgt ihnen, ohne wirklich sehen zu können, wohin die Spur ihn führt.

Auch ein blinder Igel findet einen Wurm

Die Augen sind für einen Igel so wenig wichtig, dass auch blinde Igel in der Natur überleben und sogar Junge bekommen können. Das ist möglich, weil sie ihre Nahrung nicht mit den Augen suchen, sondern sich dabei auf ihren Geruchssinn verlassen, also auf die Nase und das sogenannte Jacobson'sche Organ im Gaumen. Mit dem Geruchssinn und dem prima Gehör bemerkt ein blinder Igel auch Feinde rechtzeitig.

Einrollen als Überlebensstrategie

Ein Fuchs! Bei Gefahr verlässt sich der Igel ganz auf die abschreckende Wirkung seiner langen Stacheln. Sobald sich irgendwer mit schnellen Schritten nähert, zieht er augenblicklich die Schnauze ein, versteckt die Beine unter seinem Körper, und der eben noch lang gestreckt trippelnde Igel hat sich blitzschnell in eine unangreifbare Stachelkugel verwandelt. Noch dazu hat jeder Stachel einen eigenen Muskel, und diese Muskeln sorgen nun dafür, dass die Stacheln kreuz und quer aufgerichtet werden. Igel müssen stets wachsam sein, sonst werden sie zur Beute.

Links und rechts: Seine Fähigkeit, sich einzurollen, rettet dem kleinen Stachelritter oft das Leben

Selbst wenn es dem Fuchs gelingen sollte, einen eingerollten Igel auf den Rücken zu drehen, wird er nur einen dicht geschlossenen Stachelpanzer vorfinden. Igel ziehen sich sprichwörtlich die Haut über die Ohren und über ihr Hinterteil und rollen sich zu einem kompakten Stachelball zusammen.
So ähnlich, wie wenn Du nachts erschrickst und Dir die Bettdecke mit den Händen über den Kopf ziehst. Ein Igel zieht entsprechend die eigene, mit langen Stacheln bewehrte Haut über den Kopf. Allerdings macht er das nicht mit seinen Beinen. Möglich wird das Einrollen in die eigene Haut vor allem durch einen besonderen Muskel, der den gesamten Rücken einschließlich der Flanken bedeckt. Diese dicke Muskelschicht liegt über dem Körper wie eine Decke.

Wer als kleines Raubtier eine solche Stachelfestung angreift, holt sich nur eine blutige Nase!

Wenn der Igel sich zusammenzieht, werden Kopf und Hinterende weit unter den Bauch gedrückt. Die stachelbewehrte Haut, die auf dem Muskel liegt, wandert dabei natürlich mit über den Körper. Auch die Haut seitlich am Körper wird zum Bauch hin gezogen, sodass der Körper des Igels vollkommen von der stacheligen Haut bedeckt ist und nun gleichsam in einem stacheligen Sack steckt. Nun muss der Igel ausharren, bis die Gefahr vorüber ist. Das dauert zum Glück nur ein paar Minuten, denn Fuchs, Marder oder Hund verlieren schnell ihr Interesse an der pieksenden Stachelkugel und ziehen

Der selten gewordene Uhu ist einer der wenigen Feinde des Igels, die ihn auch wirklich erbeuten können

Nachtschwärmer

Der Igel verschläft den Tag in aller Ruhe in seinem Nest. Auf Nahrungssuche geht er erst, wenn die Sonne hinter dem Horizont verschwindet, also je nach Jahreszeit frühestens ab etwa 18 Uhr. Ein zweites Mal streift er dann nach Mitternacht auf der Suche nach Fressbarem umher.

weiter. Nur wenn sie den Igel überraschen, bevor er sich fest eingerollt hat, haben sie eine Chance, ihn zu erbeuten.

Der Dachs dagegen schafft es, ihn aufzurollen und zu töten. Steinadler und Uhu dringen dank ihrer langen Krallen leicht durch den Stachelpanzer und machen ihm auf diese Weise den Garaus. Bei uns sind Dachs und Uhu daher die gefährlichsten Fressfeinde des Igels.

Unser Igel aber hat es wieder mal geschafft und kann nun mit seinen langsamen Trippelschritten weiterziehen. Ein Igel verlässt sich darauf, dass die Stachelkugel ihn vor allerlei Gefahren schützt. Andere Mittel, sich zu Wehr zu setzen, kennt er nicht. Er kann nicht schnell wegrennen, und auch mithilfe seiner spitzen Zähne und seiner scharfen Krallen muss und will er sich nicht zur Wehr setzen. Sicher auch ein Grund dafür, dass diese Tiere bei vielen Menschen so beliebt sind.

Wenn der Landwirt beim Mähen nicht aufpasst, kann er leicht Igel dabei töten, die zwischen den hohen Pflanzen verborgen sind

Tod auf der Straße

Gegen eine Gefahr helfen dem Igel seine Stacheln nicht: gegen ein herannahendes Auto. Er spürt zwar instinktiv, dass die Straße gefährlich ist, und versucht sie so schnell wie möglich zu überqueren, aber gegen einen heranrasenden Wagen ist er chancenlos. Der Straßenverkehr bildet daher heute die größte Bedrohung für den Igel. Auf diese Weise stirbt Jahr für Jahr allein in Deutschland eine halbe Million Igel.

Was für eine reizende Familie!

Geburt und Jugend

Neugeborene Igelchen sind ab Mai unterwegs. Fünf und mehr kleine Stachelkugeln folgen ihrer Mutter. Der Vater dagegen bekommt seine Kleinen normalerweise nie zu Gesicht. Spätestens kurz vor der Geburt wird er von der werdenden Mutter nicht mehr in der Nähe geduldet. Die Jungenaufzucht ist also allein Sache der Mutter.

Die kleinen Igel sind bei der Geburt etwa so groß wie ein Hühnerei, allerdings nur halb so schwer. In Zahlen ausgedrückt: Sie sind sechs bis acht Zentimeter lang, ihr Gewicht liegt bei 25 Gramm. Neugeborene Igel können weder hören noch sehen, da Ohren und Augen sich erst nach ein paar Tagen öffnen. Sie kommen mit dem Kopf voran zur Welt. Da sie schon in ein dichtes Stachelkleid gehüllt sind, ist dies sinnvoll. Allerdings schauen die weißen, dünnen Baby-Stacheln bei der Geburt ohnehin höchstens drei Millimeter aus der stark geschwollenen, rosafarbenen Haut der Babys heraus. So wird die Mutter bei der Geburt nicht verletzt. Gleich nach der Geburt schwillt die Haut ab, und die Jugendstacheln treten immer weiter hervor. Ein bis zwei Tage später erscheinen dann neue, deutlich dunklere und festere Stacheln.

Hier siehst Du, wie winzig so ein Igeljunges ist

So ein Igelbaby kann weder hören noch sehen. Nur mit der Nase erschnuppert es seine Mutter.

Damit die Mutter bei der Geburt nicht verletzt wird, sind die Stacheln der Babys anfangs noch in der Haut verborgen. Erst nach einiger Zeit treten sie so weit hervor wie hier zu sehen.

Blick ins Nest einer Igelfamilie. Die Kleinen sind schon etwas herangewachsen.

Igelbabys können sich noch nicht zu einer Stachelkugel einrollen. Dies gelingt ihnen erst im Alter von etwa zwei Wochen, wenn ihr Rücken sich nach und nach mit den dunkelgrauen Altersstacheln bedeckt. Die kleinen Stachelbabys werden lange von der Mutter gesäugt.
Im Alter von etwa vier Wochen sind die Jungen so verändert, dass sie von ihrer Mutter nur noch anhand ihrer geringeren Größe zu unterscheiden sind. Im Kiefer sind ihnen Zähnchen gewachsen, mit denen sie nun ihre Beute fressen können, die sie selbstständig gejagt haben. Aber noch immer bildet die Milch der Mutter einen Teil ihrer Nahrung. Auch achtet die Mutter weiterhin auf ihre Kinderschar und pfeift energisch, falls ein Junges aus der Reihe tanzt und eigene Wege gehen will.

Igelkarussell

Bevor Männchen und Weibchen Hochzeit feiern, sich also paaren, umkreist das Männchen seine Auserwählte. Doch die lässt sich zunächst überhaupt nicht darauf ein, faucht ärgerlich und stößt „ihn" weg. Stundenlang dreht das Männchen seinen Runden, bis es endlich erhört wird. Das Ganze erinnert schon sehr an ein Karussell, sodass der Name „Igelkarussell" ganz treffend gewählt ist.

Kuschelig!

Igelbabys kommen in einem Nest zur Welt. Es liegt in einem Hohlraum unter Steinen, Ästen, in einer dichten Hecke oder auch in einem Kaninchenbau unter der Erde. Das Nest wird mit Laub, Heu und Moos ausgekleidet, das die Igelin immer mit dem Maul ins Nest transportiert. Früher wurde manchmal behauptet, sie trage das Nistmaterial auf ihren Stacheln aufgespießt, aber das stimmt nicht. Die Nisthöhle hat oft zwei Öffnungen, von denen eine verstopft wird, damit kein kalter Wind durch das Nest bläst.

Nach und nach aber erlischt der Mutterinstinkt, die Jungen werden zunehmend als Eindringlinge empfunden und vertrieben. Sie müssen ab jetzt allein zurechtkommen und sich irgendwo anders ein eigenes Revier suchen. Unter glücklichen Umständen kann ein Igel im Freiland acht und mehr Jahre alt werden.

Diese drei Jungen haben die Zeit im Nest hinter sich und erkunden nun die Welt

Tot auf Zeit

Stell Dir vor, der Herbst kommt, die Blätter fallen, und es wird immer kälter und nebliger. Die Sonne zeigt sich kaum noch am Himmel. Du legst dich schlafen. Wenn Du wieder aufwachst, scheint die Sonne, viele Blumen blühen, und überall fliegen Schmetterlinge umher. So ungefähr erlebt es ein Igel, der den gesamten Winter über in einem kuscheligen Laubnest tief und fest schläft. Natürlich muss er sich nach dem Aufwachen erst einmal richtig strecken, und Hunger hat er auch, schließlich hat er rund ein halbes Jahr lang nichts mehr gefressen. Kannst Du Dir das vorstellen? Sechs Monate ohne Nahrung und Wasser? Wieso ist er in der langen Zeit nicht verhungert?

Im Winter ist es oft lange eisig kalt, und eine hohe Schneedecke liegt über der Landschaft. Viele Tiere tragen dann ein dichtes Winterfell, das sie vor der klirrenden Kälte schützt. So frieren sie wenigstens nicht, wenn sie auf der Suche nach Nahrung umherziehen. Das wirklich Schlimme am Winter ist für die Tiere aber weniger die Kälte als vielmehr der Mangel an Nahrung. Insekten, Amphibien und Reptilien haben sich in ihre Winterverstecke zurückgezogen, wo sie nicht nur vor der Kälte geschützt, sondern auch schwer zu entdecken sind.

Dünner Igel

Wie dünn ist der Igel nach dem Winterschlaf geworden! Er hat rund ein Fünftel bis ein Drittel seines Körpergewichts verloren. Stell Dir vor, Du würdest plötzlich statt 27 Kilogramm nur noch neun Kilogramm wiegen! Jetzt muss der Igel erst wieder zu Kräften kommen. Zum Glück gibt es nun wieder Regenwürmer, die der Igel besonders gerne mag, außerdem Raupen und Schnecken.

Unser Igel, der sich vor allem von solchen Tieren ernährt, die sich im Winter gut versteckt haben, würde in der kalten Jahreszeit so gut wie nichts mehr zu fressen finden. Er müsste verhungern. Da er mit seinen kurzen Beinen im Gegensatz zu Zugvögeln auch nicht in den Süden entfliehen kann, gibt es für ihn nur eine Chance. Er muss sich ebenfalls in ein geschütztes Versteck zurückziehen. Aber das reicht noch nicht, auch wenn er sich zuvor im Herbst sehr viel Winterspeck angefressen hat. Um die Wintermonate überstehen zu können, muss der Igel tief in die Trickkiste greifen. Ziel dabei ist es, von seinen angefutterten Fettreserven so wenig zu verbrauchen wie nur irgend möglich.

Was für Tricks könnten das sein? Er darf sich den ganzen Winter über nicht mehr bewegen, denn jede Bewegung kostet Kraft. Also schläft er monatelang tief und regungslos. Wir sprechen zwar von Winter„schlaf", aber genau betrachtet hat das nur wenig mit dem nächtlichen Schlaf gemeinsam. Denn während des Winterschlafs ist doch einiges anders als während der Nacht.

Dieser Igel hält seinen Winterschlaf unter einem Reisighaufen, der für das Foto kurz entfernt wurde

Anders als der Igel halten viele Tiere keinen Winterschlaf. Mäuse und Kaninchen zum Beispiel laufen auch bei Eis und Schnee umher.

Die erste überraschende Beobachtung ist, dass ein Igel auskühlt – bis auf wenige Grad über Null. Wird seine Körpertemperatur jetzt mit einem Thermometer gemessen, dann bestätigt sich, dass er so kalt ist wie ein daneben liegender Stein. Seine Körpertemperatur unterscheidet sich fast nicht mehr von der Außentemperatur. Es scheint so, als wäre der Igel vom Warmblüter zu einem Kaltblüter geworden, zu einem wechselwarmen Tier, dessen Körpertemperatur von der Umgebungswärme abhängt. Und noch erstaunlicher ist, dass er sich im Frühjahr, wenn er wieder aufwacht, nicht einmal einen Schnupfen geholt hat.

Beobachten wir als Nächstes die Atmung des schlafenden Igels. Erschreckt bemerken wir, dass er pro Minute nur noch zweimal oder viermal atmet! Er liegt da wie tot, kalt und fast ohne Luft zu holen. Könnten wir seinen Herzschlag hören, so würden wir zudem feststellen, dass auch sein Herz jede Minute nur noch etwa fünf Mal pocht. Manchmal setzen Atmung und Herzschlag sogar minutenlang ganz aus. Wie anders war es noch im Sommer, als er eine Körpertemperatur von etwa 35 oder 36 Grad Celsius aufwies und sein kleines Herz bis zu 400 Mal in der Minute schlug. Jetzt dagegen ist das Igelleben fast zum Stillstand gekommen. Natürlich arbeitet auch sein Darm nicht mehr, sodass er während des langen Winterschlafs nicht „zur Toilette" muss. Ob er in dem Zustand von blühenden Wiesen und leckeren Regenwürmern träumt? Wahrscheinlich nicht einmal das, denn auch sein Gehirn scheint nahezu ausgeschaltet. Das kann man an den sogenannten Hirnströmen messen.

Ende April, wenn es wieder wärmer wird und die ersten Insekten aus ihrer Winterstarre erwachen, kehrt das Leben auch in den Igel zurück. Das Aufwachen und Wiederaufheizen des Körpers zieht sich über etwa fünf Stunden hin. Es ist sehr anstrengend und verschlingt seine letzten Fettreserven, eigentlich ist es das bei Weitem Anstrengendste am ganzen Winterschlaf.

Gut, dass er hierfür im Herbst ein spezielles Fettpolster angelegt hat, das nur für das Aufwachen gebraucht und während des Winterschlafs nicht angetastet wird. Man nennt es „Braunes Fett“, weil es deutlich dunkler ist als der normale Bauchspeck. Es ist besonders energiereich und bringt den Körper langsam wieder auf Touren.

Wenn allerdings während des Winterschlafs ein starker Kälteeinbruch mit Temperaturen von unter minus 20 Grad erfolgt, wacht der Igel auf. Offensichtlich kann er solch tiefe Temperaturen im Winterschlaf nicht mehr kontrollieren. Er muss also aufwachen, um dies überleben zu können. Das kostet natürlich viel Kraft, und vor allem junge, kleinere Igel geraten jetzt in Gefahr, an Auszehrung zu sterben. Leider findet man deshalb nach sehr strengen Wintern manchmal einen toten Igel, der allerdings nicht erfroren ist, sondern tatsächlich verhungerte, weil er aufwachen musste und in der eisigen Landschaft natürlich nichts zu fressen fand.

Oben: So eingekuschelt lässt es sich prima schlafen
Unten: Reisighaufen mit Laub darunter bieten Igeln ein hervorragendes Quartier für den Winterschlaf

Winterschläfer

Auch einige andere heimische Tiere ziehen sich in der kalten Jahreszeit in ein geschütztes Versteck zurück und halten einen Winterschlaf: Fledermäuse, Siebenschläfer wie dieser auf diesem Foto und andere Bilche, auch das Murmeltier.

In Winterstarre fallen die wechselwarmen Schlangen, Eidechsen, Frösche und Salamander.

Lediglich lange Ruhezeiten in ihren Bauen legen Feldhamster, Braunbär und Eichhörnchen ein.

Keinen Winterschlaf halten Spitzmäuse, Mäuse, Marder, Iltis, Fuchs, Kaninchen und Hase.

Ganz schön clever!

Das Gehirn eines Igels ist recht klein und vor allem dort einfach gebaut, wo das Denken und Lernen angesiedelt ist. Demnach wäre von einem Igel nicht viel zu erwarten, was seine Intelligenz angeht.

Igel, die beispielsweise im Garten wohnen und regelmäßig gefüttert werden, lernen jedoch schnell, dass ihnen vom Menschen keine Gefahr droht. Gehst Du auf sie zu, rollen sie sich bald nicht mehr ein. Sie lassen sich dann sogar ohne Schreckreaktion auf die Hand nehmen. Ja, es kann sogar sein, dass so ein Igel angelaufen kommt, weil er ebenso schnell lernt, dass herannahende Schritte etwas Leckeres zu essen bedeuten. Erwartungsvoll streckt er dann seinen Kopf aus, um einen dicken Käfer oder einen Regenwurm zu nehmen.

In wissenschaftlichen Versuchen ließen sich Igel auch darauf dressieren, eine kleine Sperrholztür mit der Schnauze aufzuschieben, um an das dahinter liegende Futter zu gelangen. Sie lernten sogar, nur hinter einer bestimmten von mehreren nebeneinander liegenden Türen Futter zu erwarten und steuerten diese gezielt an.

Igel, die in der Nähe des Menschen leben, lernen rasch, dass von ihm keine Gefahr droht

Wenn ein Igel in Deinem Garten wohnt und Du ihn regelmäßig fütterst, wird er bald recht zahm

Etwas mehr Probleme bereitete es, einem Igel beizubringen, dass nur hinter einer dunkel gestrichenen Tür etwas zu erwarten ist. Denn wie Du schon weißt, spielen die Augen im Leben des Igels normalerweise eher eine geringe Rolle, sodass er sich bei diesen Versuchen entsprechend schwertat.

Mithilfe solcher mehrtürigen Kisten gelang es dagegen herauszufinden, dass Igel Farben unterscheiden können. Sie lernen nämlich, verschiedenfarbige Türen von gleich hellen grauen Türen zu unterscheiden. Und sie lassen sich ebenso wie beispielsweise Meerschweinchen darauf dressieren, in einem Labyrinth ihren Weg zu finden. Igel sind also ganz schön clever!

Eine solche Futterstelle nimmt der Igel dankbar an

Gewohnheitstiere

Besonders rasch lernen Igel solche Situationen zu meistern, mit denen sie auch in ihrem freien Leben ständig konfrontiert sind. Dazu gehören das Einhalten bestimmter Laufwege, das Zurückfinden zum Nest, das Umgehen von Hindernissen sowie das Einprägen von Orten, an denen Nahrung zu einer bestimmten Zeit immer wieder zu finden ist.

Einen Winter lang „Igelmama“ oder „Igelpapa“

Sicher hast Du schon davon gehört, dass manche Igel im Herbst noch recht klein sind und zu geringe Fettreserven bilden konnten, um den langen Winterschlaf zu überstehen. Solche kleinen, hungrigen Igel werden manchmal von mitfühlenden Mitmenschen als Pfleglinge für den Winter aufgenommen. Das darf man aber nur dann, wenn das Igelchen offensichtlich krank oder stark untergewichtig ist! Ansonsten ist es verboten, Igel ins Haus zu holen.

Besser ist es, geschwächte Igel in einer sogenannten Igelstation abzugeben. Dort kümmern sich dann erfahrene Igelpfleger um die kleinen Stachelkugeln. Und die erfreuliche Nachricht ist, dass es die meisten in Pflege genommenen Igel tatsächlich schaffen und im nächsten Frühjahr kräftig und gesund in die Freiheit zurückkehren.

Wenn Du selbst einen Igel während des Winters zu Hause aufnehmen musst, solltest Du Dich vorher genau informieren, damit Du weißt, was auf Dich zukommt.

Hast Du einen Igel entdeckt, bei dem Du das Gefühl hast, dass er Deine Hilfe braucht, weil er zum Beispiel eine Verletzung hat, solltest Du mit ihm als Erstes zu einem Tierarzt gehen und ihn dort untersuchen lassen. Es ist nämlich durchaus möglich, dass ein krankes Tier zunächst normal frisst und scheinbar gut gedeiht, dann aber recht unerwartet kränkelt und stirbt. Außerdem werden fast alle Igel von verschiedenen Parasiten wie Flöhen und Zecken geplagt. Je schwächer ein Igel ist, desto mehr sind es.

Igel darfst Du nur mit nach Hause nehmen, wenn sie verletzt oder offensichtlich zu schwach sind, den Winter draußen zu überstehen

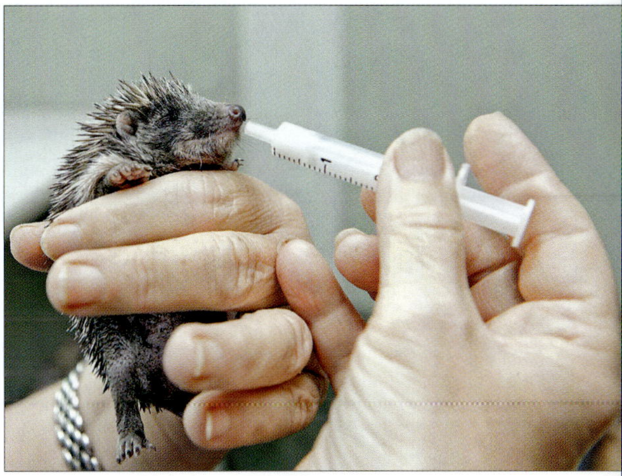

Links: Der Tierarzt kann den Igel von Zecken und Flöhen befreien und untersuchen, ob er gesund ist
Rechts: So einen kleinen Findling aufzupäppeln, ist sehr aufwendig!

Der Tierarzt schaut zuerst nach äußeren Verletzungen und offenen Wunden, dann nach Zecken und Flöhen. Die Zecken werden einfach mit einer Pinzette abgezupft. Dabei ist darauf zu achten, dass auch der Zeckenkopf entfernt wird. Gegen Flöhe gibt es ein Spezialshampoo. Du glaubst nicht, wie viele Flöhe so ein kleiner Igel beherbergt. Es können bis zu 400 sein! Zum Glück mögen sie kein Menschenblut und lassen Dich in Ruhe. Da Igel auch regelmäßig unter Wurmbefall leiden, muss der Tierarzt eine Entwurmung vornehmen. Zum Schluss gibt es vielleicht noch eine Spritze zur Stärkung seiner Abwehrkräfte. Und noch ein Hinweis: Tierärzte versorgen in Not geratene Wildtiere ohne Berechnung der Behandlungskosten.

Dieser Igel war an einer ungeschützten Stelle in Winterschlaf gefallen und wird nun in eine Igelstation gebracht

Mehlwürmer sind ein Kraftfutter für Igel

Suche dann beispielsweise über das Internet eine Igelstation in Deiner Umgebung und stelle den Igel dort vor. Dort erhältst Du auch alle Informationen, die Du für eine erfolgreiche Pflege benötigst, falls Du dies selbst versuchen möchtest.

Wenn Du also wirklich einmal einen Igel pflegen solltest, ist besonders wichtig zu wissen: Igel haben einen empfindlichen Magen und vertragen manche Speisen nicht, die für uns Menschen bekömmlich sind. Dazu gehören zum Beispiel Milch und alle Milchprodukte sowie jegliches Gemüse. Milch bringt ihn sogar in Lebensgefahr. Bratensoße führt beim Igel ebenfalls zu Durchfall. Am besten geeignet sind Regenwürmer, Insekten, Hackfleisch und Katzenfutter aus der Dose. Eine reife Avocado und reife Bananen mögen manche Igel ebenfalls sehr gerne.

Igelhilfe zu Hause

Noch einmal: Einen Igel darfst Du wirklich nur ins Haus holen, wenn er unbedingt Hilfe braucht. Lass Dir das am besten vom Tierarzt und einer Igelstation bestätigen und hole Dir dort Tipps für die Pflege zu Hause.
Hier in Kurzform die Grundlagen:
Die Igelwohnung von mindestens vier Quadratmetern mit Papierschnipseln auslegen, ein Igelhaus, eine Wasserschale und einen Futternapf hineinstellen.
Regelmäßig wiegen und Gewicht notieren: Nimmt der kleine Igel pro Woche 40 bis 80 Gramm zu, dann hast Du alles richtig gemacht, und dem Igel geht es gut. Der Kot muss die Form fester Würstchen haben. Erneure täglich verschmutzte Papierschnitzel und gib reichlich Futter. Es sollte morgens ein kleiner Rest übrig geblieben sein, den Du dann entfernst.
Futter: Am besten Regenwürmer und Insekten aus dem Zoohandel oder dem Anglershop. Zur Not kannst Du auch Katzenfutter mit im Handel erhältlichen Igelflocken mischen. Früchte in welcher Form auch immer braucht der Igel nicht. Wichtig ist dagegen viel tierisches Eiweiß. Also mache aus „Deinem“ Igel keinen Vegetarier. Sollten laut Packungsbeilage viele pflanzliche Futterstoffe im Fertigfutter enthalten sein, besser ein anderes Futter wählen.

Der Igel auf diesen drei Fotos hat einen spannenden Geruch wahrgenommen und speichelt sich nun ein

Da bleibt Dir doch die Spucke weg!

Der Igel macht kauende Bewegungen, in seinem Maul bildet sich jede Menge schaumiger Speichel. Jetzt verrenkt er sich ganz enorm, um die Spucke über seinen Rücken und die Flanken verteilen zu können. Große Güte, ist das normal, oder ist der Igel vielleicht krank? Keine Sorge, es geht ihm gut, es gehört zu seinem Verhalten! Warum und wozu der Igel das macht, wissen wir noch nicht genau. Du kannst dieses Einspeicheln vor allem dann beobachten, wenn der Igel etwas intensiv Duftendes gerochen hat, etwas, das ihm bisher noch nicht untergekommen war. Vielleicht will er auf diese Weise seine Geruchs- und Geschmackszellen wieder reinigen, nachdem er den Duft in seinem Jacobson'schen Organ im Gaumen geprüft hat.

Zurück in die Freiheit

Ein frei lebender Igel erwacht aus seinem Winterschlaf, wenn die Nächte frostfrei bleiben und das Leben im und auf dem Boden sich wieder zu regen beginnt. Das ist in vielen Jahren bereits im April der Fall. Wer ganz sicher gehen will, wartet mit dem Freilassen seines aufgepäppelten Schützlings bis nach den Eisheiligen. In jedem Fall ist darauf zu achten, dass die Natur wieder ausreichend Nahrung bereithält. In sehr kalten Gegenden kann es durchaus erst Ende Mai oder sogar Anfang Juni so weit sein. Du musst auch bedenken, dass sich „Dein“ Igel ein Revier suchen muss und so frühzeitig wie möglich die erste Generation seiner Nachkommen bekommen sollte, damit der zweite Wurf dann nicht zu spät in den Herbst fällt und sich das Problem der Überwinterung erneut stellt. Die Grundregel lautet also: nicht zu zeitig und auch nicht zu spät freilassen.

Dieser kleine Stachelritter konnte in der Igelstation wieder zu Kräften kommen und darf nun zurück in seinen Lebensraum

Wenn Reisighaufen entfernt werden müssen, sollte man dabei immer darauf achten, ob sich ein Igel zwischen den Zweigen befindet

Wenn der Tag des Abschieds gekommen ist, wird er im Schlafkistchen nach draußen gebracht. Ist ein geeignetes Gebiet weiter weg, kann der Igel mit dem Auto dorthin gefahren werden. Beachte, dass ein Igel in einer Nacht mehrere hunderte Meter weit laufen kann. Seine neue Umgebung sollte daher möglichst weit von einer viel befahrenen Straße entfernt liegen. Auch im Umkreis ausgehobene Baugruben und Schächte können tödliche Fallen sein, weil der Igel den Abhang nicht erkennt, hinunterpurzelt und dann oft nicht wieder hinausklettern kann. Der zukünftige Lebensraum sollte reich strukturiert sein und vielfältige Lebensgrundlagen bieten.

Der Igel wird am besten abends freigelassen, damit das in der Dämmerung aktive Tier sofort seine neue Umgebung erkunden kann. Seine alte Wohnung wird in den ersten Tagen oder Wochen sein Zuhause bleiben. Das Schlafkistchen sollte daher an einem geschützten und vor allem trockenen Platz abgestellt werden. Du solltest etwas Stroh und getrockneten Grasschnitt hineingeben, damit der Stachelritter sich gleich behaglich einrichten kann.

Unter's Reisig gucken!

Wenn ein Igel in der Nähe Deines Hauses wohnt, achte bitte darauf, dass die sogenannten Lichtschächte igelsicher abgedeckt sind. Bitte Deine Eltern, Reisigbündel und gelagertes Geäst vor dem Häckseln zu kontrollieren, ob nicht ausgerechnet darin ein Igel wohnt. Auch beim Umschichten von Mist- und Laubhaufen sollte zuvor nachgeschaut werden, ob sie einem Igel als Unterschlupf dienen.

„Ich bin dann mal weg!“

Heldenhaftes und Verrücktes

Ob die große Bekanntheit des Igels oder seine fremdartige Erscheinung und sein einzigartiges Verhalten – es gibt viele Gründe dafür, dass der Mensch sich schon immer sehr für ihn interessiert hat. Allerdings haben sich im Lauf der Jahrhunderte auch einige Legenden um ihn gebildet.

Zu den wirklich absurden Geschichten gehört die Ansicht, dass Igel am Euter von Kühen Milch tränken. Abgesehen davon, dass Igel gar keine rohe Kuhmilch vertragen, sind sie körperlich auch überhaupt nicht in der Lage, mit ihrem kleinen Maul und den fehlenden Backen an einer Zitze zu saugen. Noch abstruser wird es, wenn zusätzlich behauptet wird, der Igel übertrage beim Milchtrinken die Maul- und Klauenseuche.

Ebenfalls ins Reich der Märchen gehört eine Beobachtung, über die bereits vor über 2 000 Jahren der römische Philosoph und Naturkundler Plinius berichtet hat. Er schreibt, Igel spießten mit ihren Rückenstacheln Äpfel, Birnen und andere Früchte auf, um sie auf dem Rücken als Wintervorrat in ihr Nest zu tragen. In gleicher Weise sollen sie Stroh und anderes Nistmaterial aufsammeln und zum Nest transportieren. Auch hier haben fragwürdige zusätzliche „Beobachtungen" die Geschichte noch verrückter werden lassen, denn angeblich sollen Igel sogar auf Obstbäume geklettert sein und gezielt einzelne Früchte abgebissen haben.

Dass Igel Äpfel aufspießen, um sie als Wintervorrat ins Nest zu tragen, ist nur eine Legende

Igel sind auch keineswegs die geschickten Mäusejäger, als die sie oft gerühmt werden. Sie sind viel zu langsam, um eine wegrennende Maus einholen zu können. Außerdem ist ihr Kiefer zu schwach, um eine sich wehrende Maus sicher festzuhalten. Meist kann sich eine doch einmal überrumpelte, ausgewachsene Maus nahezu unverletzt wieder befreien und weglaufen. Dass Igel nie gelernt haben, fliehende Beute zu jagen, zeigt ihr Verhalten, nachdem eine Maus erfolgreich flüchten konnte. Der Igel macht keinerlei Anstalten, sie zu verfolgen, sondern schnüffelt noch eine Weile an der Stelle, an der er die Maus packen konnte, und folgt dann ruhigen Schrittes ihrer Spur. Wenn Igel gute Mäusejäger wären, würden sie sicher anders vorgehen. Stoßen sie dagegen auf hilflose Junge von Maus, Spitzmaus oder Maulwurf, so erbeuten sie diese.

Eine erwachsene Maus wird der Igel wohl kaum erbeuten, aber Junge lässt er sich nicht entgehen

Gegen das Gift von Bienen und Wespen sind Igel weitgehend immun

Und wie steht es um die angebliche Unempfindlichkeit gegenüber Giften verschiedenster Art? Tatsache ist, dass Igel gerne Insekten fressen. Auch Ölkäfer gehören dazu, obwohl sie in ihrem „Blut“ ein sehr starkes Gift enthalten, das Cantharidin. Selbst eine größere Anzahl verputzter Ölkäfer führt beim Igel zu keinerlei erkennbaren Beschwerden. Ihnen kann das Käfergift tatsächlich nichts anhaben. Ähnlich sieht es aus, wenn Igel die Nester von Hummeln und Wespen überfallen. Genüsslich verzehren sie ein Insekt nach dem anderen. Die zahlreichen Stiche, die sie dabei abbekommen, machen ihnen nichts aus.

Auch andere Gifte, die für uns Menschen schon in geringer Menge tödlich wirken, wie Arsen und Blausäure, stecken Igel wesentlich besser weg.

Selbst gegen das Gift unserer heimischen Kreuzotter sind Igel 35 bis 40 Mal weniger empfindlich als zum Beispiel eine Maus. Nur unter sehr unglücklichen Umständen kann daher eine Kreuzotter einen Igel mit ihrem Gift überwinden. Im Gegenteil enden die meisten Begegnungen zwischen einem Igel und einer Kreuzotter mit dem Tod der Giftschlange. Igel rollen sich nämlich immer blitzschnell ein, wenn die Schlange mit weit geöffnetem Maul nach vorne stößt. Nach jedem Angriff der Schlange entrollt sich der Igel sofort wieder und beißt und zwickt die Schlange. Das kann recht lange hin- und hergehen, bis die Schlange müde wird. Dann schlägt die große Stunde des Igels. Er kann die matte Schlange nun entscheidend packen und durch einen Biss töten. Anschließend wird sie mitsamt ihren Giftdrüsen aufgefressen. Allerdings passiert das nur sehr selten.

Dieses Kätzchen macht große Augen: So einen merkwürdigen Stachelritter hat es zuvor noch nie gesehen!

Diesem Igel sind die vielen Legenden egal, die sich um ihn ranken ...

Seit alters ranken sich auch viele Fabeln um den Igel – sicher kennst Du die vom „Hasen und dem Igel“, bei der unser Igel dank seiner Schläue einen Wettlauf mit Meister Lampe gewinnt. Auch Gedichte über den Igel gibt es, wie beispielsweise dieses von Heinz Ehrhard:

Der Igel sprach zur Igelin:
„Du weißt nicht, wie verliebt ich bin!
Ich liebe Dich, wie nichts so.“
Dann drückte er sie fest an sich,
worauf sie schrie: „Auch ich liebe Dich,
doch lass das sein, du stichst so!“

Mecki

Hast Du schon einmal von Mecki gehört? Diese Igelfigur erscheint seit 1949 in einer deutschen Fernsehzeitschrift. Mecki trägt ein buntes Hemd und eine geflickte Hose sowie die berühmte Kurzhaarfrisur. Aus seinem faltigen Gesicht schauen Dich lustige Augen an. In kurzen Comics erlebte er verschiedenste Abenteuer. Zwischen 1952 und 1964 gab es außerdem jedes Jahr ein neues Mecki-Buch, die seit 2009 wieder neu aufgelegt wurden. Bald konnte man nicht nur Mecki selbst, sondern eine ganze Mecki-Familie als Stoffpuppen kaufen. Meckis Frau hieß übrigens Micki, seine beiden Kinder Macki und Mucki. Dieser Igel ist heute so bekannt, dass Du Dir beim Friseur einen „Mecki“ schneiden lassen kannst.

Extra: Igeln helfen

Oben: Zu aufgeräumt sollte ein Garten nicht sein, wenn er für Igel attraktiv bleiben soll
Unten: Bitte gibt dem Igel auf keinen Fall Milch zu trinken, wie es hier leider zu sehen ist!

Wenn Ihr einen Garten habt, kannst Du zusammen mit Deinen Eltern viel dafür tun, dass sich Igel bei Euch wohlfühlen.

Wichtig ist, dass keine durchgehenden Mauern oder Drahtzäune vorhanden sind. Lücken müssen unbedingt bestehen, damit der Igel einen Durchschlupf findet. Chemie im Garten und Kunstdünger sind natürlich tabu, denn sie töten die Beute des Igels und können ihn selbst vergiften.

Der Rasen sollte zumindest am Rand und unter Hecken nicht oder höchstens zwei Mal pro Jahr gemäht werden, denn auf kurzem „Golfrasen" findet der Igel nichts zu fressen. Wenn Ihr Pflanzen einsetzt, solltet Ihr heimische Arten wählen, da sich von ihnen viele Insekten und andere Tiere ernähren, die wiederum dem Igel als Beute dienen.

Als Unterschlupf braucht der Igel dichtes Gebüsch oder Hecken, Haufen von Reisig und Laub, Verstecke unter alten Brettern oder zwischen Steinen. Hier kann das Weibchen auch sein Nest anlegen, um darin seine Jungen zu bekommen.

Eine Wasserstelle hilft nicht nur Vögeln, ihren Durst zu stillen, sondern auch dem Igel.

Besonders im Frühjahr und im Spätherbst könnt Ihr regelmäßig zufüttern, damit der Igel gut über den Winter kommt. Mischt dazu Katzenfeuchtfutter mit Igeltrockenfutter und stellt das Ganze in einem Schälchen vor Regen geschützt auf, beispielsweise in einen Hohlraum unter einem Stapel Holz. Auf keinen Fall Milch anbieten, sie macht den Igel krank! Tägliche Reinigung ist wichtig.

Sobald es beginnt, zu frieren, müsst Ihr die Fütterung einstellen, sonst kommt der Igel nicht in den nötigen Winterschlaf.

Igelhäuschen oder Futterstellen könnt Ihr nach Anleitungen im Internet oder aus Fachbüchern selbst bauen oder im Handel kaufen. Eine Übersicht findest Du beispielsweise hier:
http://www.pro-igel.de/lebensraum/haeuser.html
Viel Spaß mit Eurem Igel!

Mit wenig Aufwand kannst Du sehr viel für Igel tun!

In so einem naturnahen Garten fühlt sich der Igel richtig wohl!

Großes Igel Quiz

Du hast nun viel über Igel gelesen und bist dadurch ein richtiger Igel-Experte geworden! Hast Du Lust, Dein Wissen zu testen? Na dann los, nimm einen Bleistift und kreuze die Antwort an, die Du für richtig hältst. Auf Seite 56 findest Du die korrekten Antworten. Viel Spaß!

1) Wie viele Stacheln hat ein ausgewachsener Igel?

a) 150 bis 300 .... ❍
b) 5 000 bis 7 500 .... ❍
c) 100 000 bis 200 000 .... ❍

2) Ein Seeigel ist verwandt mit den ...

a) ... Stacheligeln .... ❍
b) ... Seevögeln .... ❍
c) ... Seesternen .... ❍

3) Was dürfen Igel nicht fressen beziehungsweise trinken?

a) Milch .... ❍
b) Schnecken .... ❍
c) Katzenfutter .... ❍

4) Wie viele Flöhe können auf einem Igel leben?

a) Bis zu 4 .... ❍
b) Bis zu 40 .... ❍
c) Bis zu 400 .... ❍

5) Woraus bestehen die Stacheln des Igels?

a) Aus Knochen .... ❍
b) Aus Holz .... ❍
c) Aus Horn .... ❍

Solche hübschen Weißbauchigel sind anspruchsvolle, aber allerliebste Heimtiere

6) Wie viele Monate dauert der Winterschlaf beim Igel?

a) 2 Monate .... ❍
b) 3 Monate .... ❍
c) 6 Monate .... ❍

7) Wie viele Zähne hat ein erwachsener Igel?

a) 22 .... ❍
b) 36 .... ❍
c) 52 .... ❍

8) Haben Igelbabys bei der Geburt schon Stacheln?

a) Ja, aber nur am Bauch .... ❍
b) Ja, aber sie sind noch in der Haut verborgen .... ❍
c) Nein, die wachsen erst später .... ❍

9) Können Igel ...

a) ... schwimmen? .... ❍
b) ... fliegen? .... ❍
c) ... springen? .... ❍

10) Wo wohnen Igel unter anderem gerne?

a) In einem Kaninchenbau .... ❍
b) In einer Astgabel .... ❍
c) In einer Garage .... ❍

11) Wo leben die Haarigel?

a) In Osteuropa .... ❍
b) In Ostafrika .... ❍
c) In Ostasien .... ❍

12) Wo kann ein Igel kaum überleben?

a) In einem Nadelwald .... ❍
b) In einem Garten .... ❍
c) In einem Park .... ❍

13) Wie schwer sollte ein erwachsener Igel im Herbst sein?

a) 300 Gramm .... ❍
b) 500 Gramm .... ❍
c) 700 Gramm .... ❍

14) Wie viele Babys bekommt eine Igelin pro Wurf ungefähr?

a) 3 .... ❍
b) 5 .... ❍
c) 10 .... ❍

15) Welches Alter kann ein Igel in der Natur erreichen?

a) 2 Jahre .... ❍
b) 5 Jahre .... ❍
c) 8 Jahre .... ❍

16) In welcher Zeit lebten die ersten Verwandten der Igel?

a) In der Saurierzeit .... ❍
b) In der Zeit der Urpferdchen .... ❍
c) In der Zeit der Urmenschen .... ❍

17) Warum kann ein Igel auch Hummeln und Bienen fressen?

a) Er ist gegen ihr Gift viel weniger empfindlich als wir .... ❍
b) Er beißt ihnen vorher den Stachel ab ❍
c) Das kann er gar nicht, es ist nur eine Legende .... ❍

18) Welche Körpertemperatur hat ein Igel im Sommer?

a) Etwa 35 bis 36 Grad Celsius, also fast so wie wir .... ❍
b) Mit dem Wetter wechselnd mal höher, mal niedriger .... ❍
c) Etwa 25 Grad Celsius .... ❍

19) Welche Körpertemperatur hat ein Igel im Winter?

a) Etwa 38 Grad Celsius .... ❍
b) Nicht weniger als 4 Grad Celsius .... ❍
c) Bei starkem Frost auch mal minus 5 Grad Celsius .... ❍

20) Wie viele verschiedene Igelarten gibt es heute?

a) 24 .... ❍
b) 213 .... ❍
c) 738 .... ❍

Dieser junge Braunbrustigel sucht wohl gerade die Antworten zum Quiz

Die richtigen Antworten

1) b: Ein ausgewachsener Igel hat etwa 5 000 bis 7 500 Stacheln

2) c: Ein Seeigel ist verwandt mit den Seesternen. Beide gehören zu den Stachelhäutern und leben am Meeresboden.

3) a: Igel vertragen keine rohe Milch. Daher darf man ihnen auf keinen Fall ein Schälchen mit Milch hinstellen.

4) c: Ein Igel kann 400 Flöhe mit sich tragen.

5) c: Die Stacheln des Igels sind umgewandelte Haare und bestehen aus Horn.

6) c: Sechs Monate dauert der Winterschlaf beim Igel gewöhnlich.

7) b: Ein erwachsener Igel besitzt 36 Zähne, 16 im Unterkiefer und 20 im Oberkiefer.

8) b: Igelbabys haben bei der Geburt schon Stacheln. Sie sind aber noch in der Haut verborgen.

9) a: Igel sind zwar wasserscheu, können aber zum Ufer zurückschwimmen, falls sie ins Wasser gefallen sind.

10) a: Igel richten sich gerne in einem verlassenen Kaninchenbau ein.

11) c: Alle heute lebenden Haarigel sind in Ostasien zu Hause.

12) a: Im Nadelwald gibt es am Boden so wenige Insekten, dass dort praktisch keine Igel leben können.

13) c: Bis zum Beginn des Winterschlafs sollte ein Igel gut 700 Gramm wiegen, damit er den Winter überstehen kann.

14) b: Eine Igelin bekommt pro Wurf etwa fünf Junge

15) c: Igel werden in der Natur recht alt. Sie können acht oder mehr Jahre erreichen.

16) b: Die ersten Verwandten der Igel lebten in der Zeit der Urpferdchen.

17) a: Igel sind gegen viele Gifte relativ wenig empfindlich.

18) a: Die Körpertemperatur eines Igels liegt im Sommer etwa bei 38°C

19) b: Im Winter hält der Igel seinen Winterschlaf. Hier sinkt die Temperatur auf höchstens 4 Grad Celsius ab. Droht die Temperatur noch tiefer zu fallen, wacht der Igel auf.

20) a: Es gibt 24 verschiedene Igelarten, von denen die meisten zu den Stacheligeln gehören.

Der Langohrigel lebt in Nordafrika sowie in West- und Zentralasien